Por Martín Zavala/Silvia Perez

Como rezar

el Rosario

7 formas:

Rosario regular
Rosario de la Misericordia
Rosario de la liberación
Rosario de difuntos
Rosario bíblico
Rosario al Espíritu Santo
Rosario a la preciosa sangre

Pedidos e informes:

Misión 2000
P.O. BOX 51986
PHOENIX, AZ 85076
Tel. (480) 598-4320

Nuestra dirección en Internet:

www.defiendetufe.com

"Libros que cambian vidas"

Dedicatoria:

A mi suegra Elsa, a las legionarias de María y a todos quienes promueven el rezo del santo rosario en sus diferentes formas.

Dios les bendiga siempre.

Martín Zavala

Agradecimiento y crédito

Nuestro más sincero agradecimiento al P. Ángel Peña por las facilidades prestadas mediante su material sobre el santo rosario.

Estamos seguros que todo esto será de mucha ayuda para aumentar el amor a la santísima virgen Maria.

CONTENIDO

INTRODUCCIÓN

Antes que nada permíteme felicitarte por tu deseo de querer rezar el rosario. Entre todas las devociones que hay dedicadas a la Virgen María, el rezo del Rosario es una de las que más identifica y nos une como cristianos en la fe. Es una magnífica oración que nos lleva a vivir los misterios del Evangelio meditando los momentos más significativos de la vida de nuestro Salvador Jesucristo.

Te deseo de corazón que por medio de las diferentes formas de hacer el rosario que aquí encontrarás, vayas creciendo espiritualmente para así poder tener una autentica vida cristiana.

El único mandamiento que la virgen dio en la biblia fue: *"hagan lo que él les diga"* Jn 2,1-3 Esa es la misión de María santísima, tomarnos de la mano y conducirnos hacia su hijo Jesucristo. Por eso, obedecer a Jesús en todo y cada uno de nuestros días, es la meta del auténtico cristiano.

En este libro sobre "**Cómo rezar el Rosario**" encontrarás la manera para sacar más provecho a esta arma espiritual y un medio más para seguir creciendo en el conocimiento y obediencia a Jesucristo.

Modo de rezar el Rosario

Si no acostumbras esta devoción de rezar el Santo Rosario, puedes empezar a hacerlo de vez en cuando estando solo. Luego, si es posible, hacerlo en familia o con otras personas, recuerda que la "familia que reza unida, permanecerá unida".

Por favor no olvides que el rezo del santo Rosario debe de hacerse en un ambiente de meditación y contemplación de los misterios o pasajes de la vida de Jesucristo y de la virgen María. Si al rezar no meditamos lo que estamos diciendo, entonces esta oración se quedaría como un cuerpo sin alma.

Si por alguna razón importante de tiempo o lugar no terminas el rosario completo no hay problema. Como yo siempre lo digo: ***"Vale más 1 misterio bien hecho, que 5 mal hechos"***.

El objetivo es que seamos mejores cristianos, poniendo en práctica los valores del Evangelio, vividos plenamente por María, Madre de Jesucristo y madre nuestra(Jn 19,26-27).

Con el tiempo, además del **rosario regular** que es ampliamente conocido, han ido apareciendo otras formas que se han ido extendiendo y que encontrarás en este libro:

1. **Rosario de la Misericordia**.- Es el que fue revelado por Jesucristo a Sor Faustina, religiosa polaca. Se implora a Dios su Misericordia y perdón por todos los pecadores del mundo.

2. **Rosario de Liberación**.- Un arma espiritual para todo momento. Está basado en la pura palabra de Dios para suplicarle a Cristo: Sanación, salvación y liberación. Jn 8,36; Ef 2,1-3; Mt 20,29ss

3. **Rosario de difuntos**.- Es el mismo que el regular, pero se le hace algunos cambios ya que la intención

es ofrecerlo por una persona que ha fallecido. Cfr. 2 Mac 12,45-46

4. **Rosario bíblico**.- Es el rosario regular pero en esta forma se va leyendo el pasaje bíblico de cada misterio lo cual es una bendición extra. 2 Tim 3,15-16

5. **Rosario al Espíritu Santo**.- En esta forma las oraciones van dirigidas especialmente a la tercera persona de la santísima trinidad: El Espíritu Santo. Es excelente para llenarnos más dé su presencia y dejar que vaya creciendo en nosotros el hombre espiritual. Gal 5,22

6. **Rosario a la preciosa sangre**.- Esta forma de devoción se ha extendido en los últimos años. En ella, se subraya el valor de la preciosa sangre que Jesucristo nuestro Señor derramó para salvarnos. *1 Pe 1,18-20*

Así que ánimo y adelante. Cualquiera de estas diferentes formas que elijas será un medio para crecer en santidad y dar mayor gloria Dios.

PARTE I

ROSARIO REGULAR

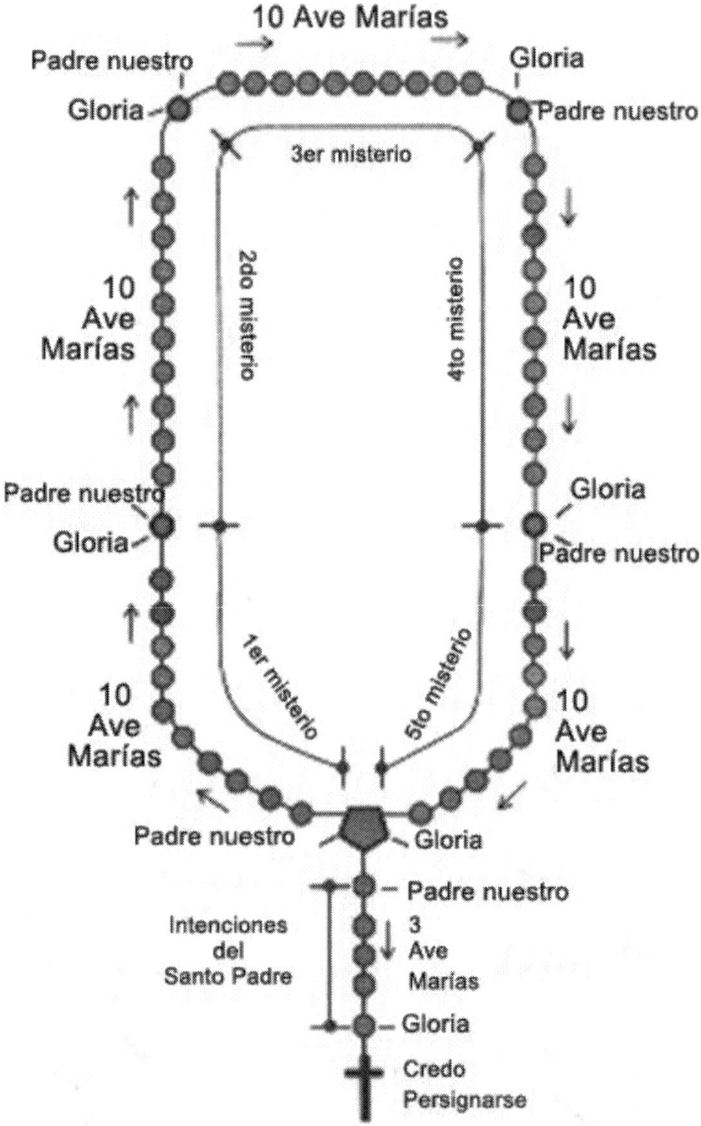
10 Ave Marías
Padre nuestro
Gloria
Gloria
Padre nuestro
3er misterio
2do misterio
4to misterio
10
Ave
Marías
10
Ave
Marías
Padre nuestro
Gloria
Gloria
Padre nuestro
1er misterio
5to misterio
10
Ave
Marías
10
Ave
Marías
Padre nuestro
Gloria
Padre nuestro
Intenciones
del
Santo Padre
3
Ave
Marías
Gloria
Credo
Persignarse

Cómo rezarlo

El rosario más común o rezado por la gran mayoría de las personas está organizado para hacerlo de la siguiente manera:

1. Primero se hace la señal de la cruz(persignarse).

2. Enseguida se dice el Credo; El Gloria... y 3 Ave Marías y un Padre Nuestro por las intenciones del Papa.

3. Luego se meditan y contemplan los cinco misterios de acuerdo al día de la semana que sea:

   Los lunes y sábado se rezan los ***Misterios Gozosos***.

   Los martes y viernes, ***los Dolorosos***.

   Los miércoles y domingos, ***los Gloriosos***.

   El día jueves los ***misterios luminosos***.

4. Se anuncia el nombre del misterio, después se dice un padrenuestro y luego se rezan 10 avemarías.

5. Finalmente se dice un gloria al padre, al hijo...

6. En muchos lugares, después del gloria, dicen algunas jaculatorias o breves oraciones.

Es común que como parte del Rosario al final se recen las letanías, que son breves frases de elogios y alabanzas a la bendita virgen María(Lc 1,48).

Cuando se reza el Rosario entre dos o más personas, hay un guía y los demás responden. Se alterna el modo de rezar los Padrenuestros y las Ave María: En el primer misterio el guía empieza y todos dicen la segunda parte; el siguiente se hace al revés, todos comienzan la oración y el guía responde, y así sucesivamente. El "Gloria", las jaculatorias, las últimas oraciones y las letanías, siempre las inicia el guía.

Rezo del Santo Rosario

Guía. En el nombre del Padre, y del Hijo, y del Espíritu Santo.

R. Amén.

G. Dios mío, ven en mi auxilio.

R. Señor, date prisa en socorrerme.

G. Gloria al Padre, al hijo y al Espíritu santo

R. Como era en el principio, ahora y siempre, por los siglos de los siglos amén.

Acto de contrición

¡Oh Jesús mío!, me arrepiento de todo corazón de haberte ofendido. Porque eres infinitamente bueno, padeciste y moriste por mi clavado en la cruz. Te amo con todo mi corazón y propongo con tu gracia no volver a pecar y evitar las ocasiones próximas de pecado. Amén.

Los misterios que hemos de contemplar son:

Lunes y sábado:
HOY VAMOS A MEDITAR LOS MISTERIOS GOZOSOS

Primer misterio: La Anunciación y Encarnación del Hijo de Dios en las purísimas entrañas de la Virgen María.

Padre Nuestro
Padre nuestro, que estás en el cielo, santificado sea tu Nombre; venga a nosotros tu reino; hágase tu voluntad, en la tierra como en el cielo. Danos hoy nuestro pan de cada día; perdona nuestras ofensas, como también nosotros perdonamos a los que nos ofenden; no nos dejes caer en tentación y líbranos del mal. Amén.

Avemaría
Dios te salve, María; llena eres de gracia; el Señor está contigo; bendita tú eres entre todas las mujeres, y bendito es el fruto de tu vientre, Jesús. Santa María, madre de Dios, ruega por nosotros pecadores, ahora y en la hora de nuestra muerte. Amén. (***Diez Avemarías***)

Gloria
Gloria al Padre, y al Hijo, y al Espíritu Santo.
Como era en el principio, ahora y siempre, y por los siglos de los siglos. Amén.

-Maria madre de gracia y madre de misericordia.
-En la vida y en la muerte ampáranos oh gran señora.

-Sagrado corazón de Jesús.
-En vos confío.

Segundo misterio gozoso: La Visitación de María Santísima a su prima Santa Isabel.

-Padre nuestro que estás en el cielo...
-Dios te salve María(diez aves marías)
-Gloria al padre, al hijo y al Espíritu Santo...
-María madre de gracia...
-Sagrado corazón de Jesús...

Tercer misterio: El nacimiento del Niño Jesús en el pobre y humilde portal de Belén.

-Padre nuestro que estás en el cielo...
-Dios te salve María(diez aves marías)
-Gloria al padre, al hijo y al Espíritu Santo...
-María madre de gracia...
-Sagrado corazón de Jesús...

Cuarto misterio: La Purificación de la Virgen María y Presentación del Niño Jesús en el Templo.

-Padre nuestro que estás en el cielo...
-Dios te salve María(diez aves marías)
-Gloria al padre, al hijo y al Espíritu Santo...
-María madre de gracia...
-Sagrado corazón de Jesús...

Quinto misterio: El Niño Jesús perdido y hallado en el Templo.

-Padre nuestro que estás en el cielo...
-Dios te salve María(diez aves marías)
-Gloria al padre, al hijo y al Espíritu Santo...
-María madre de gracia...
-Sagrado corazón de Jesús...

-Dios te salve, María, *hija de Dios Padre*, Virgen purísima y castísima antes del parto, en tus manos encomiendo mi fe para que la ilumines, llena eres de gracia, el Señor está contigo...

-Santa María, madre de Dios...

-Dios te salve, María, *madre de Dios Hijo*, Virgen purísima y castísima en el parto, en tus manos encomiendo mi esperanza para que la alientes, llena eres de gracia, el Señor está contigo...

-Santa María, madre de Dios...

-Dios te salve, María, *esposa del Espíritu Santo*, Virgen purísima y castísima después del parto, en tus manos encomiendo mi caridad para que la inflames, llena eres de gracia, el Señor está contigo...

-Santa María, madre de Dios...

-Dios te salve, María, templo, trono y sagrario de la Santísima Trinidad, Virgen concebida sin la culpa original.

-Dios te salve, Reina y Madre, Madre de misericordia; vida, dulzura y esperanza nuestra.

A ti te llamamos los desterrados hijos de Eva; a ti suspiramos, gimiendo y llorando en este valle de lágrimas.

Ea, pues, Señora, abogada nuestra, vuelve a nosotros esos tus ojos misericordiosos, y después de este destierro, muéstranos a Jesús, fruto bendito de tu vientre.¡Oh clemente, oh piadosa, oh dulce siempre Virgen María!

-Ruega por nosotros, santa Madre de Dios. Para que seamos dignos de alcanzar las divinas gracias y promesa de Nuestro Señor Jesucristo. Amén.

Letanías

-Señor, ten piedad
-Señor, ten piedad

-Cristo, ten piedad
-Cristo, ten piedad

-Señor, ten piedad
-Señor, ten piedad

-Cristo, óyenos
-Cristo, óyenos

-Cristo, escúchanos
-Cristo, escúchanos

-Dios Padre celestial
-Ten misericordia de nosotros

-Dios Hijo, Redentor del mundo
-Ten misericordia de nosotros

-Dios Espíritu Santo
-Ten misericordia de nosotros

-Santa Trinidad que eres un solo Dios
-Ten misericordia de nosotros

-Santa María
-Ruega por nosotros

-Santa Madre de Dios
-Ruega por nosotros

-Santa Virgen de las vírgenes
-Ruega por nosotros

-Madre de Jesucristo
-Ruega por nosotros

-Madre de la divina gracia
-Ruega por nosotros

-Madre purísima
Ruega por nosotros

-Madre castísima
-Ruega por nosotros

-Madre Inmaculada
-Ruega por nosotros

-Madre amable
-Ruega por nosotros

-Madre admirable
-Ruega por nosotros

-Madre del buen consejo
-Ruega por nosotros

-Madre del Creador
-Ruega por nosotros

-Madre del Salvador
-Ruega por nosotros

-Madre de la Iglesia
-Ruega por nosotros
-Virgen prudentísima
-Ruega por nosotros

-Virgen venerable
-Ruega por nosotros

-Virgen digna de alabanza
-Ruega por nosotros

-Virgen poderosa
-Ruega por nosotros

-Virgen clemente
-Ruega por nosotros

-Virgen fiel
-Ruega por nosotros

-Espejo de justicia
-Ruega por nosotros

-Trono de sabiduría
-Ruega por nosotros

-Causa de nuestra alegría
-Ruega por nosotros

-Vaso espiritual
-Ruega por nosotros

-Vaso digno de honor
-Ruega por nosotros

-Vaso insigne de devoción
-Ruega por nosotros

-Rosa mística
-Ruega por nosotros
-Torre de David
-Ruega por nosotros

-Torre de marfil
-Ruega por nosotros

-Casa de oro
-Ruega por nosotros

-Arca de la alianza
-Ruega por nosotros

-Puerta del cielo
-Ruega por nosotros

-Estrella de la mañana
-Ruega por nosotros

-Salud de los enfermos
-Ruega por nosotros

-Refugio de los pecadores
-Ruega por nosotros

-Consuelo de los afligidos
-Ruega por nosotros

-Auxilio de los cristianos
-Ruega por nosotros

-Reina de los ángeles
-Ruega por nosotros

-Reina de los patriarcas
-Ruega por nosotros

-Reina de los profetas
-Ruega por nosotros

-Reina de los apóstoles
-Ruega por nosotros

-Reina de los mártires

-Ruega por nosotros

-Reina de los confesores
-Ruega por nosotros

-Reina de las vírgenes
-Ruega por nosotros

-Reina de todos los santos
-Ruega por nosotros

-Reina concebida sin pecado original
-Ruega por nosotros

-Reina elevada al cielo
-Ruega por nosotros

-Reina del santo rosario
-Ruega por nosotros

-Reina de la paz
-Ruega por nosotros

-Cordero de Dios, que quitas el pecado del mundo
-Óyenos, Señor

-Cordero de Dios, que quitas el pecado del mundo
-Perdónanos, Señor

-Cordero de Dios, que quitas el pecado del mundo
-Ten misericordia de nosotros.

-Bajo tu amparo nos acogemos, santa Madre de Dios; no desprecies las oraciones que te hacemos en nuestras necesidades. Antes bien, líbranos de todos los peligros, oh Virgen gloriosa y bendita.

- Ruega por nosotros, Santa Madre de Dios. Para que seamos dignos de alcanzar las divinas gracias y promesas de nuestro señor Jesucristo. Amén

Oremos:

Derrama, Señor, tu gracia sobre nosotros, que, por el anuncio del ángel, hemos conocido la encarnación de tu Hijo, para que lleguemos, por su pasión y su cruz, a la gloria de la resurrección. Por Jesucristo, nuestro Señor. Amén.

V. Ave María Purísima.

R. Sin pecado concebida.

Martes y Viernes:
LOS MISTERIOS DOLOROSOS

Primer misterio: La oración de Jesús en el huerto de Getsemaní.
Un Padrenuestro, diez Avemarías y Gloria. Jaculatorias.

Segundo misterio: La flagelación de Jesús, atado a la columna.

Un Padrenuestro, diez Avemarías y Gloria. Jaculatorias.

Tercer misterio: Jesús es coronado de espinas.
Un Padrenuestro, diez Avemarías y Gloria. Jaculatorias.

Cuarto misterio: Jesús con la cruz a cuestas, camino del Calvario.
Un Padrenuestro, diez Avemarías y Gloria. Jaculatorias.

Quinto misterio: La crucifixión y muerte de Jesús.
Un Padrenuestro, diez Avemarías y Gloria. Jaculatorias.

Oraciones finales y letanías inician en la página 19

Miércoles y Domingo:
LOS MISTERIOS GLORIOSOS

Primer misterio: La Resurrección del Señor.
Un Padrenuestro, diez Avemarías y Gloria. Jaculatorias.

Segundo misterio: La Ascensión del Señor al cielo.
Un Padrenuestro, diez Avemarías y Gloria.

Tercer misterio: La venida del Espíritu Santo sobre el Colegio apostólico.
Un Padrenuestro, diez Avemarías y Gloria.

Cuarto misterio: La Asunción de Nuestra Señora al cielo.
Un Padrenuestro, diez Avemarías y Gloria.

Quinto misterio: La coronación de la Virgen María como Reina del universo.
Un Padrenuestro, diez Avemarías y Gloria.

Oraciones finales y letanías inician en la página 19

Jueves:
MISTERIOS LUMINOSOS

Primer misterio: El Bautismo de Jesucristo en el Jordán.
Un Padrenuestro, diez Avemarías y Gloria.

Segundo misterio: La Revelación de Jesús en las bodas de Caná.
Un Padrenuestro, diez Avemarías y Gloria.

Tercer misterio: Jesús anuncia el Reino de Dios e invita a la conversión.
Un Padrenuestro, diez Avemarías y Gloria.

***Cuarto misterio*:** La Transfiguración de Jesús.
Un Padrenuestro, diez Avemarías y Gloria.

***Quinto misterio*:** La institución de la Eucaristía.
Un Padrenuestro, diez Avemarías y Gloria.

Oraciones finales y letanías inician en la página 19

PARTE II

ROSARIO DE LA MISERICORDIA

Introducción

1. <u>¿Quién es Santa Faustina Kowalska?</u> Es una santa polaca del siglo XX (1905-1938), que recibió de Dios la misión de propagar la devoción a la misericordia divina. Escribió sus conversaciones con el Señor en un libro diario. Allí se explica el ***rosario o coronilla*** de la misericordia.

2. <u>¿Beneficios de este rosario?</u> En sus conversaciones con santa Faustina, el Señor le enseñó esta oración y le insistió en que lo rezara.

- "Oh, qué gracias más grandes concederé a las almas que recen esta coronilla; las entrañas de mi misericordia se enternecen por quienes rezan esta coronilla. Anota éstas palabras hija mía" (n.848).

- "A las almas que recen esta coronilla, mi misericordia las envolverá en vida y especialmente a la hora de la muerte" (n.754).

¿**Cómo se reza**?

El rosario o coronilla de la misericordia se reza de este modo:

En el nombre del Padre, y del Hijo, y del Espíritu Santo. Amén.

Padre Nuestro
Padre nuestro que estás en el cielo,
santificado sea tu Nombre;
venga a nosotros tu reino;
hágase tu voluntad
en la tierra como en el cielo.
Danos hoy nuestro pan de cada día;
perdona nuestras ofensas,
como también nosotros perdonamos
a los que nos ofenden;
No nos dejes caer en tentación,
y líbranos del mal. Amén.

Avemaría
Dios te salve, María; llena eres de gracia; el Señor está contigo; bendita tú eres entre todas las mujeres, y bendito es el fruto de tu vientre, Jesús. Santa María, madre de Dios, ruega por nosotros pecadores, ahora y en la hora de nuestra muerte. Amén.

Credo

Creo en un solo Dios, Padre Todopoderoso, Creador del cielo y de la tierra, de todo lo visible y lo invisible.
Creo en un solo Señor, Jesucristo, Hijo único de Dios, nacido del Padre antes de todos los siglos: Dios de Dios, Luz de Luz, Dios verdadero de Dios verdadero, engendrado, no creado, de la misma naturaleza del Padre, por quien todo fue hecho; que por nosotros, los hombres, y por nuestra salvación bajó del cielo, y por obra del Espíritu Santo se encarnó de María, la Virgen, y se hizo hombre; y por nuestra causa fue crucificado en tiempos de Poncio Pilato; padeció y fue sepultado, y resucitó al tercer día, según las Escrituras, y subió al cielo, y está sentado a la derecha del Padre; y de nuevo vendrá con gloria para juzgar a, vivos y muertos, y su reino no tendrá fin.
Creo en el Espíritu Santo, Señor y dador de vida, que procede del Padre y del Hijo, que con el Padre y el Hijo recibe una misma adoración y gloria, y que habló por los profetas.
Creo en la Iglesia, que es una, santa, católica y apostólica.
Confieso que hay un solo Bautismo para el perdón de los pecados. Espero la resurrección de los muertos y la vida del mundo futuro. Amén.

- Padre eterno, te ofrezco el cuerpo y la sangre, el alma y la divinidad de tu amadísimo Hijo, nuestro señor Jesucristo, como propiciación de nuestros pecados y los del mundo entero.(1 vez)
- Por su dolorosa pasión. -Ten misericordia de nosotros y del mundo entero. (10 veces)

Se repite 5 veces este proceso. Es como si fueran los 5 misterios Se pueden seguir pasando las cuentas(bolitas) de un rosario corriente.

Final

- Santo Dios, Santo Fuerte, Santo Inmortal, ten piedad de nosotros y del mundo entero. (3 veces)

C. Algunos textos de santa Faustina

Seleccionamos unos párrafos del diario de santa Faustina, donde el Señor Jesucristo le invita a acudir a su misericordia. Así, estos textos pueden animarte a rezar el rosario de la misericordia.

"Cuando un pecador se dirige a mi misericordia, me rinde la mayor gloria y es un honor para mi pasión" (n.378).

"Me deleitan las almas que recurren a mi misericordia. A estas almas les concedo gracias por encima de lo que piden" (n.1146).

"Diles a las almas que no pongan obstáculos en sus propios corazones a mi misericordia, que desea muchísimo obrar en ellos. Mi misericordia actúa en todos los corazones que le abren su puerta" (n.1577).

PARTE III

ROSARIO DE LIBERACION

¿QUE ES EL ROSARIO DE LIBERACION?

Otra de las formas de rezar el rosario, que es relativamente nueva, pero que se ha extendido bastante en varios países, es el llamado rosario de liberación.

En esta forma de rezarlo se hace un uso abundante de la palabra de Dios y está centrado en suplicar a Jesucristo que nos de sanación, liberación y salvación. Todo lo que se dice está en los evangelios.

Se trata de armarnos con las armas de la fe para combatir al enemigo. Se puede hacer en cualquier momento y en cualquier lugar.

Por medio de este rosario de liberación ha habido miles de testimonios de sanación y de personas que han sido liberadas y están siendo salvadas por Jesucristo.

"*Por tanto, si el Hijo los hace libres, ustedes serán realmente libres*". Jn 8,36

Se puede aplicar por uno mismo o por otras personas.

Si se ofrece por otros, en vez de decir "Jesús ten piedad de mi", se dice *"Jesús ten piedad de mi esposo"*
"Jesús sana a mi esposo"
"Jesús salva a mi esposo"
"Jesús salva a mi esposo"

Si se hace por otro entonces se dice el nombre de la persona a la que se quiere liberar. Lo importante es que todo el rosario sea por una sola persona. La "oración" que va al final de cada misterio puede variar. Aquí hemos puesto algunas a modo de ejemplo.

Si deseas hacerlo junto con otros te recomiendo el excelente cd "Rosario de liberación con el P. Moisés Larraga que puedes obtener en el 480-598-4320 o en www.defiendetufe.com)

Forma de rezarlo

Persignarse: En el Nombre del Padre, del Hijo y del Espíritu Santo. Amén.

Oración inicial: "Señor Jesús, escucha nuestra oración. Hoy queremos repetir tu nombre 205 veces. Para que a través de este rosario de liberación nos vayas liberando. Que a través de repetir tu nombre tantas veces vayas liberándonos de los traumas, de los vicios; de los odios y de los rencores. Vaya huyendo de nuestra vida la influencia del demonio. A través de tu glorioso nombre queda atado todo espíritu de perturbación. Espíritu de envidia, de lujuria, espíritu de vicio y de corrupción. Que al nombre de Jesús se someta todo aquellos que está dañando nuestra dignidad de hijos de Dios; para que ante el nombre de Jesús se doble toda rodilla en el cielo y en la tierra y debajo de la tierra, y toda lengua confiese que Jesucristo es el Señor, para gloria de Dios Padre

Hoy queremos decirte como el ciego de Jericó ¡ten piedad de mí! Hoy queremos repetirte esas palabras del evangelio ¡Jesús sáname! Hoy queremos decir como aquellos poseídos ¡Jesús libérame!

Hoy Jesús levanta nuestras voces para que tu nombre repetido tantas veces sea la espada afiliada por la cual caiga el enemigo bajo tus pies. Que el Padre al escuchar tu nombre tenga compasión de los enfermos. Alabado seas Jesús. Glorificado seas Jesús.

Libera Jesús a tu pueblo, libera Jesús a los hombres y mujeres enfermos, por el odio, el vicio, la apatía religiosa; libéranos Jesús de la influencia maligna, ¡rompe las cadenas a través de esta alabanza!(*P. Moisés Larraga*).

Digamos el Credo:

Creo en un solo Dios, Padre Todopoderoso, Creador de cielo y de la tierra, de todo lo visible y lo invisible.

Creo en un solo Señor Jesucristo, Hijo único de Dios, nacido del Padre antes de todos los siglos: Dios de Dios, Luz de Luz, Dios verdadero de Dios verdadero; engendrado, no creado, de la misma naturaleza del Padre, por quien todo fue hecho; que por nosotros los hombres y por nuestra salvación bajó del Cielo, y por obra del Espíritu Santo se encarnó de María, la Virgen, y se hizo hombre; y por nuestra causa fue crucificado en tiempos de Poncio Pilato; padeció y fue sepultado, y resucitó al tercer día, según las Escrituras, y subió al Cielo, y está sentado a la derecha del Padre; y de nuevo vendrá con gloria para juzgar a vivos y muertos, y su reino no tendrá fin.

Creo en el Espíritu Santo, Señor y dador de vida, que procede del Padre y del Hijo, que con el Padre y el Hijo recibe una misma adoración y gloria, y que habló por los Profetas.

Creo en la Iglesia, que es Una, Santa, Católica y Apostólica. Confieso que hay un solo bautismo para el perdón de los pecados. Espero la resurrección de los muertos y la vida del mundo futuro. Amén.

Usando un rosario común iniciamos con esta jaculatoria (1 vez):

Guía: "Si Jesús me libera, quedo verdaderamente liberado"

Todos: "Si Jesús me libera, quedo verdaderamente liberado"

1) PRIMER MISTERIO:

Guía: "Jesús ten piedad de mí"
Todos: "Jesús ten piedad de mí"
G: "Jesús sáname"
T: "Jesús sáname"
G: "Jesús sálvame"
T: "Jesús sálvame"
G: "Jesús libérame"
T: "Jesús libérame"

(Ahora diremos 9 veces más estas 4 súplicas anteriores)

G: Gloria al Padre, al Hijo, y al Espíritu Santo.

T: Como era en un principio, ahora y siempre, y por los siglos de los siglos. Amén.

G: Si Jesús me libera quedo verdaderamente liberado.

T: Si Jesús me libera quedo verdaderamente liberado.

Oración: Por el Santo Nombre de Jesús Padre, te pedimos que nos liberes; por el Santo Nombre de tu Hijo Jesucristo sana a los enfermos; por el Santo Nombre de tu Hijo Jesucristo libera nuestra familia; libera nuestra casa; por el Santo Nombre de tu Hijo Jesucristo libéranos de nuestros enemigos.

Por el Santo Nombre de tu Hijo Jesucristo, libéranos Jesús de la corrupción y los vicios; por el Santo Nombre de tu Hijo Jesucristo, libéranos Jesús de la desgracia, de la pobreza, de los fracasos, de los accidentes, de las enfermedades. Al Nombre de Jesús toda rodilla se doble, en la tierra en el Cielo y los abismos, y toda lengua proclame que Jesús es el Señor.

2) Segundo misterio (Digamos 10 veces estas 4 súplicas):

Guía: "Jesús ten piedad de mí"
Todos: "Jesús ten piedad de mí"
G: "Jesús sáname"
T: "Jesús sáname"
G: "Jesús sálvame"
T: "Jesús sálvame"
G: "Jesús libérame"
T: "Jesús libérame"

G: Gloria al Padre, al Hijo, y al Espíritu Santo.
T: Como era en un principio, ahora y siempre, y por los siglos de los siglos. Amén.

G: Si Jesús me libera quedo verdaderamente liberado.
T: Si Jesús me libera quedo verdaderamente liberado.

Oración: Padre Santo, Padre Bueno, Padre Misericordioso, por el amor que le tienes a tu Hijo Jesucristo, y por su dulce Nombre, hoy te pedimos que tengas compasión de los enfermos, que libres a los oprimidos. Padre bueno: muchos hombres y mujeres estamos oprimidos, por los vicios, por el resentimiento, por el recuerdo de una amarga infancia, por el abandono de un padre o de una madre. Padre bueno: por el dulce

Nombre de tu Hijo Jesucristo, libéranos; muchos hombres y mujeres hemos andado en la corrupción y el pecado; en la brujería, en los horóscopos; en la ouija, en el satanismo, ¡libéranos por el Santo Nombre de tu Hijo Jesucristo! porque al Nombre de Jesús toda rodilla se dobla en el Cielo, la tierra y los abismos, y toda lengua proclama que Jesús es el Señor.

3) Tercer misterio (Digamos 10 veces estas 4 súplicas):

Guía: "Jesús ten piedad de mí"
Todos: "Jesús ten piedad de mí"
G: "Jesús sáname"
T: *"Jesús sáname"*
G: "Jesús sálvame"
T: *"Jesús sálvame"*
G: "Jesús libérame"
T: *"Jesús libérame"*

G: Gloria al Padre, al Hijo, y al Espíritu Santo.
T: Como era en un principio, ahora y siempre, y por los siglos de los siglos. Amén.

G: Si Jesús me libera quedo verdaderamente liberado.
T: Si Jesús me libera quedo verdaderamente liberado.

Oración: Al Nombre de Jesús ¡huye el espíritu de la lujuria!, al Nombre de Jesús ¡huye el espíritu de la ambición!, al Nombre de Jesús ¡huye el espíritu del resentimiento y del odio!, al Nombre de Jesús ¡huye el espíritu de pereza espiritual!

El Nombre de JESUS unifica a las familias, santifica a los hijos. El señor está sanando enfermos. El señor está liberando. El señor hoy está salvando vidas y quebrando corazones para hacerlos de nuevo.

4) Cuarto misterio (Digamos 10 veces estas 4 súplicas):

Guía: "Jesús ten piedad de mí"
Todos: "Jesús ten piedad de mí"
G: "Jesús sáname"
T: "Jesús sáname"
G: "Jesús sálvame"
T: "Jesús sálvame"
G: "Jesús libérame"
T: "Jesús libérame"

G: Gloria al Padre, al Hijo, y al Espíritu Santo.

T: Como era en un principio, ahora y siempre, y por los siglos de los siglos. Amén.

G: Si Jesús me libera quedo verdaderamente liberado.

T: Si Jesús me libera quedo verdaderamente liberado.

Oración: ¡Bendito seas Señor! ¡Alabado seas Señor!, a ti el honor y la Gloria; ¡Oh dulce Nombre de Jesús! ¡Oh dulce Nombre de Jesús! ¡Oh dulce Nombre de Jesús! ¡Ten compasión de tu pueblo Señor! ten compasión de tu pueblo.

5) Quinto misterio (Digamos 10 veces estas 4 súplicas):

Guía: "Jesús ten piedad de mí"
Todos: "Jesús ten piedad de mí"
G: "Jesús sáname"
T: "Jesús sáname"

G: "Jesús sálvame"
T: "Jesús sálvame"
G: "Jesús libérame"
T: "Jesús libérame"

G: Gloria al Padre, al Hijo, y al Espíritu Santo.
T: Como era en un principio, ahora y siempre, y por los siglos de los siglos. Amén.

G: Si Jesús me libera quedo verdaderamente liberado.
T: Si Jesús me libera quedo verdaderamente liberado.

Oración: Al Nombre de Jesús toda rodilla se dobla, en el Cielo, en la tierra y en los abismos, y toda lengua proclame que Jesús es el Señor.

(Todos:)
Santo Dios, Santo Fuerte, Santo Inmortal.
Santo Dios, Santo Fuerte, Santo Inmortal.
Santo Dios, Santo Fuerte, Santo Inmortal.

(Todos:)
Líbranos Señor de todo mal.
Líbranos Señor de todo mal.
Líbranos Señor de todo mal.

Guía: Jesús ten piedad de mí
Todos: Jesús ten piedad de mí

G: Jesús sáname
T: Jesús sáname
G: Jesús sálvame
T: Jesús sálvame
G: Jesús libérame

T: Jesús libérame

Todos:
Santo Dios, Santo Fuerte, Santo Inmortal.
Líbranos Señor de todo mal.

La Salve

"Dios te Salve, Reina y Madre de misericordia. Vida, dulzura y esperanza nuestra. Dios te salve. A ti llamamos los desterrados hijos de Eva; a ti suspiramos, gimiendo y llorando en este valle de lágrimas. Ea pues, Señora, abogada nuestra vuelve a nosotros esos tus ojos misericordiosos. Y después de este destierro, muéstranos a Jesús, fruto bendito de tu vientre, oh clemente, oh piadosa, oh dulce siempre Virgen María: ruega por nosotros, santa Madre de Dios, para que seamos dignos de alcanzar las promesas de nuestro Señor Jesucristo." Amén.

Ave María Purísima.
Sin pecado concebida.
Ave María Purísima.
Sin pecado concebida.
Ave María Purísima.
Sin pecado concebida.

En el Nombre del Padre, del Hijo y del Espíritu Santo. Amén. Amén. Amén.

PARTE IV

ROSARIO POR LOS DIFUNTOS

Tercer misterio: Jesús es coronado de espinas.
Un Padrenuestro, diez Avemarías y Gloria. Jaculatorias.

Cuarto misterio: Jesús con la cruz a cuestas, camino del Calvario.
Un Padrenuestro, diez Avemarías y Gloria. Jaculatorias.

Quinto misterio: La crucifixión y muerte de Jesús.
Un Padrenuestro, diez Avemarías y Gloria. Jaculatorias.

En vez del gloria que se dice al final de cada misterio se dice esta oración:

Guía: Dale, Señor, el descanso eterno.

Todos: Luzca para él (ella) la luz perpetua.

Guía: Descansen en paz.

Todos: Así sea.

Oraciones finales y letanías inician en la página 19

Guía Que las almas de los fieles difuntos por la misericordia de Dios, descansen en paz. **Todos** Amén.

PARTE V

ROSARIO BIBLICO

El Rosario bíblico es muy similar al rosario regular (Pag. 15) La gran diferencia es que en este no solamente se dice el título de cada misterio sino que se lee el pasaje de la biblia en donde está ese acontecimiento.

Esta forma de rezar el rosario es excelente ya que no solamente se va rezando y meditando sino al mismo tiempo se va adquiriendo un mayor conocimiento de la palabra de Dios.

Así que aprovechemos antes de rezar el rosario bíblico para explicar algunas cosas basándonos en la palabra de Dios y asi mostrar que los hermanos protestantes están equivocados cuando dicen que el rosario no es bíblico pues como lo verás a continuación está basado 100% en la santa biblia.

Al recordar cada misterio del Rosario en los que recorremos los momentos más importantes del Evangelio, meditamos con María los misterios de la Vida de Jesús que están agrupados en cuatro: misterios gozosos, misterios dolorosos, misterios gloriosos y misterios luminosos.

Cada misterio es un pasaje de la vida de Jesús o de la virgen María. Le llamamos 'misterio' porque en el nuevo testamento en griego 'mysterion' quiere decir una verdad revelada por Dios que alcanzamos a ver pero no en plenitud. Dios nos salva mediante las acciones de Jesucristo. (Ef 3,1-11) Por eso en cada misterio meditamos sobre su vida y eso nos va ayudando a seguir creciendo en la fe.

El Padre Nuestro: Es la oración cristiana por excelencia, enseñada por Jesús; es de fundamental valor para todo cristiano.(Mt 6,9-13)

El Ave María: oración compuesta por el saludo del ángel a la Virgen y el anuncio de su maternidad; la alabanza de santa Isabel al recibir la visita de María y la súplica de la Iglesia por su intercesión.(Lc 1,28; Lc 1,39-43; Lc 1,48)

El Gloria: es la glorificación a Dios, Uno y Trino. (2 Cor 13,14)

Y al repetir palabras no estamos en contra de la biblia ya que los hacemos siguiendo el ejemplo de Jesucristo que al orar "repetía las mismas palabras" Mc 14,39

Recuerda, sigue los mismos pasos del rosario regular pero al llegar el momento de decir el título de cada misterio ahora también leerás el pasaje completo de la escritura del cual se está hablando.

Inicio

Por la señal...

Oh Jesús mío me arrepiento...

Misterios gozosos. (Lunes y sábado)

*En el **Primer Misterio** meditamos:*

La visita del angel a María santísima (Lc 1,26-38).
« Al sexto mes el ángel Gabriel fue enviado por Dios a una ciudad de Galilea, llamada Nazaret, a una joven virgen que estaba comprometida en matrimonio con un hombre llamado José, de la familia de David. La virgen se llamaba María. Llegó el ángel hasta ella y le dijo: «Alégrate, llena de gracia, el Señor está contigo.»

María quedó muy conmovida al oír estas palabras, y se preguntaba qué significaría tal saludo. Pero el ángel le dijo: «No temas, María, porque has encontrado el favor de Dios. Concebirás en tu seno y darás a luz un hijo, al que pondrás el nombre de Jesús. Será grande y justamente será llamado Hijo del Altísimo. El Señor Dios le dará el trono de su antepasado David; gobernará por siempre al pueblo de Jacob y su reinado no terminará jamás.»

María entonces dijo al ángel: «¿Cómo puede ser eso, si yo soy virgen?» Contestó el ángel: «El Espíritu Santo descenderá sobre ti y el poder del Altísimo te cubrirá con su sombra; por eso el niño santo que nacerá de ti será llamado Hijo de Dios. También tu parienta Isabel está esperando un hijo en su vejez, y aunque no podía tener familia, se encuentra ya en el sexto mes del embarazo. Para Dios, nada es imposible.» Dijo María: «Yo soy la servidora del Señor, hágase en mí tal como has dicho.» Después la dejó el ángel. ».

Palabra de Dios. Te alabamos Señor.

Padre nuestro, 10 avemarías, gloria, jaculatorias

Segundo Misterio Gozoso:

La Visita de la virgen Maria a Isabel (Lc 1,39-56).

«Por esos días, María partió apresuradamente a una ciudad ubicada en los cerros de Judá. Entró en casa de Zacarías y saludó a Isabel.
«Al oír su saludo, el niño dio saltos en su vientre. Isabel se llenó del Espíritu Santo y exclamó en alta voz: "Bendita

eres entre todas las mujeres y bendito es el fruto de tu vientre".

«¿Cómo he merecido yo que venga a mí la madre de mis Señor? Apenas llegó tu saludo a mis oídos, el niño saltó de alegría en mis entrañas. "¡Dichosa por haber creído que de cualquier manera se cumplirán las promesas del Señor!"
«María dijo entonces: "Celebra todo mi ser la grandeza del Señor y mi espíritu se alegra en el Dios que me salva: porque quiso mirar la condición humilde de su esclava, en adelante, pues todos los hombres dirán que soy feliz. En verdad el Todopoderoso hizo grandes cosas por mi; reconozcan que Santo es su nombre, que sus favores alcanzan a todos los que le temen y prosiguen a sus hijos. Su brazo llevó a cabo hechos heroicos, arruinó a los soberbios con sus maquinaciones.

Sacó a los poderosos de sus tronos y puso en su lugar a los humildes; repletó a los hambrientos de todo lo que es bueno y despidió vacíos a los ricos; de la mano tomó a Israel, su siervo demostrándole así su misericordia.

Esta fue la promesa, que ofreció a nuestros padres y que reservaba a Abraham y a sus descendientes para siempre". María se quedó cerca de tres meses con Isabel, y después volvió a su casa».

Palabra de Dios. Te alabamos Señor.

Padre nuestro, 10 avemarías, gloria, jaculatorias

Tercer Misterio Gozoso:

El Nacimiento de Jesús en Belén (Lc 2,1-20).

«Por aquellos días salió un decreto del emperador Augusto, por el que se debía proceder a un censo en todo el imperio. Este fue el primer censo, siendo Quirino gobernador de Siria.

Todos, pues, empezaron a moverse para ser registrados cada uno en su ciudad natal.
José también, que estaba en Galilea, en la ciudad de Nazaret, subió a Judea, a la ciudad de David, llamada Belén, porque era descendiente de David; allí se inscribió con María, su esposa, que estaba embarazada.

Mientras estaban en Belén, llegó para María el momento del parto, y dio a luz a su hijo primogénito. Lo envolvió en pañales y lo acostó en un pesebre, pues no había lugar para ellos en la sala principal de la casa. En la región había pastores que vivían en el campo y que por la noche se turnaban para cuidar sus rebaños.
Se les apareció un ángel del Señor, y la gloria del Señor los rodeó de claridad. Y quedaron muy asustados.

Pero el ángel les dijo: «No tengan miedo, pues yo vengo a comunicarles una buena noticia, que será motivo de mucha alegría para todo el pueblo. Hoy, en la ciudad de David, ha nacido para ustedes un Salvador, que es el Mesías y el Señor. Miren cómo lo reconocerán: hallarán a un niño recién nacido, envuelto en pañales y acostado en un pesebre.»
De pronto una multitud de seres celestiales aparecieron junto al ángel, y alababan a Dios con estas palabras: «Gloria a Dios en lo más alto del cielo y en la tierra paz a los hombres: ésta es la hora de su gracia.»

Después de que los ángeles se volvieron al cielo, los pastores se dijeron unos a otros: «Vayamos, pues, hasta Belén y veamos lo que ha sucedido y que el Señor nos ha

dado a conocer.» Fueron apresuradamente y hallaron a María y a José con el recién nacido acostado en el pesebre.
Entonces contaron lo que los ángeles les habían dicho del niño. Todos los que escucharon a los pastores quedaron maravillados de lo que decían.

María, por su parte, guardaba todos estos acontecimientos y los volvía a meditar en su interior. Después los pastores regresaron alabando y glorificando a Dios por todo lo que habían visto y oído, tal como los ángeles se lo habían anunciado».

Palabra de Dios. Te alabamos Señor.

Padre nuestro, 10 avemarías, gloria, jaculatorias

Cuarto Misterio Gozoso:

La Presentación del niño Jesús en el Templo (Lc 2,22-35).

«Asimismo, cuando llegó el día en que, de acuerdo a la Ley de Moisés, debían cumplir el rito de la purificación de la madre, llevaron al niño a Jerusalén. Ahí lo consagraron al Señor. Además ofrecieron el sacrificio que ordena la Ley: una pareja de tórtolas o dos pichones. Había en Jerusalén un hombre llamado Simeón, que era muy bueno y piadoso y el Espíritu Santo estaba en él.
Esperaba los tiempos en que Dios atendiera a Israel y sabía por una revelación del Espíritu santo que no moriría antes de haber visto al Cristo del Señor. «Vino, pues, al Templo, inspirado por el Espíritu, cuando sus padres traían al niñito Jesús para cumplir con él los mandatos de la Ley. Simeón lo tomó en brazos, y bendijo a Dios con estas palabras:

"Señor, ahora ya puedes dejar que tu siervo muera en paz, como lo has dicho.

Porque mis ojos han visto a tu Salvador, que tu preparaste para presentarlo a todas las naciones. Luz para alumbrar a todos los pueblos, y gloria de tu pueblo, Israel".

Su padre y su madre estaban maravillados por todo lo que decía Simeón del niño. Simeón los felicitó y después dijo a María, su madre: "Mira, este niño debe ser causa tanto de caída como de resurrección para la gente de Israel. Será puesto como una señal que muchos rechazarán ya tí misma una espada te atravesará el alma. Pero en eso los hombres mostrarán claramente lo que sienten en sus corazones».

Palabra de Dios. Te alabamos Señor.

Padre nuestro, 10 avemarías, gloria, jaculatorias

Quinto Misterio Gozoso:

Jesús, perdido y hallado en el Templo (Lc 2,41-52).

« Los padres de Jesús iban todos los años a Jerusalén para la fiesta de la Pascua. Cuando Jesús cumplió los doce años, subió también con ellos a la fiesta, pues así había de ser.
Al terminar los días de la fiesta regresaron, pero el niño Jesús se quedó en Jerusalén sin que sus padres lo supieran.
Seguros de que estaba con la caravana de vuelta, caminaron todo un día. Después se pusieron a buscarlo entre sus parientes y conocidos.

Como no lo encontraran, volvieron a Jerusalén en su búsqueda.
Al tercer día lo hallaron en el Templo, sentado en medio de los maestros de la Ley, escuchándolos y haciéndoles preguntas.
Todos los que le oían quedaban asombrados de su inteligencia y de sus respuestas.
Sus padres se emocionaron mucho al verlo; su madre le decía: «Hijo, ¿por qué nos has hecho esto? Tu padre y yo hemos estado muy angustiados mientras te buscábamos.»

Él les contestó: «¿Y por qué me buscaban? ¿No saben que yo debo estar donde mi Padre?»
Pero ellos no comprendieron esta respuesta.
Jesús entonces regresó con ellos, llegando a Nazaret. Posteriormente siguió obedeciéndoles. Su madre, por su parte, guardaba todas estas cosas en su corazón.
Mientras tanto, Jesús crecía en sabiduría, en edad y en gracia, ante Dios y ante los hombres. ».

Palabra de Dios. Te alabamos Señor.

Padre nuestro, 10 avemarías, gloria, jaculatorias

Aquí van las letanías y la oración final. Página 19

MISTERIOS DOLOROSOS (Martes y Viernes).

Primer Misterio Doloroso:

La Oración de Jesús en el Huerto (Lc 22,39-48).

« Después Jesús salió y se fue, como era su costumbre, al monte de los Olivos, y lo siguieron también sus discípulos.
Llegados al lugar, les dijo: «Oren para que no caigan en tentación.»
Después se alejó de ellos como a la distancia de un tiro de piedra, y doblando las rodillas oraba con estas palabras: «Padre, si quieres, aparta de mí esta copa; pero no se haga mi voluntad, sino la tuya.» (Entonces se le apareció un ángel del cielo para animarlo.
Entró en agonía y oraba con mayor insistencia. Su sudor se convirtió en gotas de sangre que caían hasta el suelo.)

Después de orar, se levantó y fue hacia donde estaban los discípulos. Pero los halló dormidos, abatidos por la tristeza.
Les dijo: «¿Ustedes duermen? Levántense y oren para que no caigan en tentación.»
Todavía estaba hablando cuando llegó un grupo encabezado por Judas, uno de los Doce. Como se acercaba a Jesús para darle un beso,
Jesús le dijo: «Judas, ¿con un beso traicionas al Hijo del Hombre?» ».

Palabra de Dios. Te alabamos Señor.

Padre nuestro, 10 avemarías, gloria, jaculatorias

Segundo Misterio Doloroso:

La Flagelación de Jesús (Mc 15,6-15).

«En cada fiesta de Pascua, Pilato ponía en libertad al preso que la gente quisiera. Uno, llamado Barrabás, había sido encarcelado con otros revoltosos que en un motín habían asesinado a alguien. La gente, pues, subió y empezó a pedir la libertad de algún preso, como era la costumbre.
«Pilato preguntó: "Quieren que ponga en libertad al rey de los judíos?" (porque se daba cuenta que los jefes de los sacerdotes habían entregado a Jesús por envidia). Pero ellos incitaron a la gente para que pidiera la libertad de Barrabás. Pilato les dijo: "¿Qué hago con el que ustedes llaman rey de los judíos?". La gente gritó de nuevo: "¡Crucifícalo!" Pilato contestó: "¿Qué mal ha hecho?". Pero los gritos fueron cada vez más fuertes: "¡Crucifícalo!".
Pilato quería dejar contenta a la gente. Por eso dejó libre a Barrabás; y, después de haber hecho azotar a Jesús, lo entregó para que fuera crucificado».

Palabra de Dios. Te alabamos Señor.

Padre nuestro, 10 avemarías, gloria, jaculatorias

Tercer Misterio Doloroso:

La Coronación de espinas de nuestro Señor Jesucristo (Mt 27,27-31).

« Los soldados romanos llevaron a Jesús al patio del palacio y reunieron a toda la tropa en torno a él.
Le quitaron sus vestidos y le pusieron una capa de soldado de color rojo.

Después le colocaron en la cabeza una corona que habían trenzado con espinos y en la mano derecha le pusieron una caña. Doblaban la rodilla ante Jesús y se burlaban de él, diciendo: «¡Viva el rey de los judíos!»

Le escupían en la cara, y con la caña le golpeaban en la cabeza. Cuando terminaron de burlarse de él, le quitaron la capa de soldado, le pusieron de nuevo sus ropas y lo llevaron a crucificar. ».

Palabra de Dios. Te alabamos Señor.

Padre nuestro, 10 avemarías, gloria, jaculatorias

Cuarto Misterio Doloroso:

La subida de Jesús al monte Calvario (Lc 23,26-31).

«Cuando lo llevaban, tomaron a un tal Simón de Cirene, que volvía del campo, y le cargaron la cruz de Jesús para que la llevara detrás de él. Lo seguía muchísima gente, especialmente mujeres que se golpeaban el pecho y se lamentaban por él.

«Jesús, volviéndose hacia ellas, les dijo: "Hijas de Jerusalén, no lloren por mí. Lloren más bien por ustedes mismas y por sus hijos, porque va a llegar el día en que se dirá: Felices las madres sin hijos; felices las mujeres que no dieron a luz ni amamantaron. Entonces se dirá: ¡Ojalá que los cerros caigan sobre nosotros! ¡Ojalá que las lomas nos ocultaran! Porque si así tratan al árbol verde, ¿qué no harán con el seco?».

Palabra de Dios. Te alabamos Señor.

Padre nuestro, 10 avemarías, gloria, jaculatorias

Quinto Misterio Doloroso:

Crucifixión y Muerte de Jesús (Lc 23,32-46).

« Junto con Jesús llevaban también a dos malhechores para ejecutarlos.

Al llegar al lugar llamado de la Calavera, lo crucificaron allí, y con él a los malhechores, uno a su derecha y el otro a su izquierda.
(Mientras tanto Jesús decía: «Padre, perdónalos, porque no saben lo que hacen.») Después los soldados se repartieron sus ropas echándolas a suerte.
La gente estaba allí mirando; los jefes, por su parte, se burlaban diciendo: «Si salvó a otros, que se salve a sí mismo, ya que es el Mesías de Dios, el Elegido.»

También los soldados se burlaban de él. Le ofrecieron vino agridulce diciendo: «Si tú eres el rey de los judíos, sálvate a ti mismo.» Porque había sobre la cruz un letrero que decía: «Este es el rey de los judíos.»
Uno de los malhechores que estaban crucificados con Jesús lo insultaba: «¿No eres tú el Mesías? ¡Sálvate a ti mismo y también a nosotros.» Pero el otro lo reprendió diciendo: «¿No temes a Dios tú, que estás en el mismo suplicio?
Nosotros lo hemos merecido y pagamos por lo que hemos hecho, pero éste no ha hecho nada malo.» Y añadió: «Jesús, acuérdate de mí cuando entres en tu Reino.»

Jesús le respondió: «En verdad te digo que hoy mismo estarás conmigo en el paraíso.»

Hacia el mediodía se ocultó el sol y todo el país quedó en tinieblas hasta las tres de la tarde. En ese momento la cortina del Templo se rasgó por la mitad, y Jesús gritó muy fuerte: «Padre, en tus manos encomiendo mi espíritu». Y dichas estas palabras, expiró.

Padre nuestro, 10 avemarías, gloria, jaculatorias

Aquí van las **letanías y la oración final**. Página 19

MISTERIOS GLORIOSOS (Miércoles y Domingo).

Primer Misterio Glorioso:

La Resurrección de nuestro Señor Jesucristo (Mc 16,1-18).

«Cuando pasó el sábado, María Magdalena, María, madre de Santiago, y Salomé compraron aromas para embalsamar el cuerpo. Y muy temprano, en ese primer día de la semana, llegaron al sepulcro apenas salido el sol. Se decían unas a otras: "¿Quién nos removerá la piedra del sepulcro? Pero, cuando miraron, vieron que la piedra había sido echada a un lado, y eso que era una piedra muy grande.

Al entrar en el sepulcro vieron a un joven sentado al lado derecho, vestido enteramente de blanco, y se asustaron. Pero él les dijo: "No se asusten. Ustedes buscan a Jesús Nazareno, el que fue crucificado, ¿no es cierto? Ahora bien, vayan a decir a Pedro y a los otros discípulos que

Jesús irá delante de ustedes a Galilea. Allí lo verán tal como él se los dijo".

Entonces las mujeres salieron corriendo del sepulcro. Estaban asustadas y asombradas y no dijeron nada a nadie, de tanto miedo que tenían. Jesús, que resucitó en la madrugada del primer día de la semana, se apareció primero a María Magdalena, de la que había echado siete espíritus malos. Ella fue a anunciárselo a los que habían sido compañeros de Jesús y que estaban tristes y lo lloraban. Pero al oírle decir que vivía y que lo habían visto, no le creyeron.

Después se apareció bajo otra figura a dos de ellos, cuando iban al campo. Estos volvieron a contárselo a los demás, pero tampoco les creyeron. Por último, Jesús se apareció a los Once discípulos cuando estaban comiendo. Jesús les reprendió por su falta de fe y su porfía en no creer a los que habían visto resucitado. Y les dijo: "Vayan por todo el mundo y anuncien a la Buena Nueva a toda la creación. El que crea y se bautice se salvará. El que se resista a creer se condenará. Y estas señales acompañarán a los que crean: en mi Nombre echarán los espíritus malos, hablarán en nuevas lenguas, tomarán con sus manos las serpientes, y si beben algún veneno no les hará ningún daño. Pondrán las manos sobre los enfermos y los sanarán"». Palabra de Dios. Te alabamos Señor.

Padre nuestro, 10 avemarías, gloria, jaculatorias

Segundo Misterio Glorioso:

La Ascensión de Jesús al Cielo (Hech 1,3-11).

«Ellos fueron a los que se presentó después de su pasión dándoles muchas pruebas de que vivía, y durante cuarenta días les habló acerca del Reino de Dios. Mientras comía con ellos, les mandó: "No se alejen de Jerusalén, sino que esperen lo que prometió el Padre, de lo que yo les he hablado: Que Juan bautizó con agua, pero ustedes serán bautizados en el Espíritu Santo dentro de pocos días".

«Y, como estaban reunidos, le preguntaron: "Señor, ¡es ahora cuando vas a restablecer el reino de Israel?". Él les respondió: "A ustedes no les corresponde saber el tiempo y el momento que el Padre ha fijado con su propia autoridad, sino que van a recibir una fuerza, la del Espíritu Santo, que vendrá sobre ustedes, y serán mis testigos en Jerusalén, en toda Judea y Samaria y hasta los límites de la tierra".

«Al decir esto, en presencia de ellos, Jesús fue levantado y una nube lo ocultó a sus miradas. «Mientras miraban fijamente al cielo hacia donde iba Jesús, de repente tuvieron a su lado dos hombres vestidos de blanco que les dijeron: "Hombres de Galilea, ¿qué hacen ahí mirando al cielo? Este que ha sido llevado, este mismo Jesús, vendrá como lo han visto subir al cielo"».

Palabra de Dios. Te alabamos Señor.

Padre nuestro, 10 avemarías, gloria, jaculatorias

Tercer Misterio Glorioso:

La Venida del Espíritu Santo (Hech 2,1-13).

«Cuando llegó el día de Pentecostés, estaban todos reunidos en un mismo lugar. De pronto vino del cielo un ruido, como el de una violenta ráfaga de viento, que llenó toda la casa donde estaban. Se les aparecieron unas lenguas como de fuego, las que, separándose, se fueron posando sobre cada uno de ellos; y quedaron llenos del Espíritu Santo y se pusieron a hablar idiomas distintos, en los cuales el Espíritu les concedía expresarse. «Había en Jerusalén judíos piadosos venidos de todas las naciones de la tierra.

Al producirse aquel ruido, la gente se juntó y quedó desconcertada al oír a los apóstoles hablar cada uno en su lengua propia.

Asombrados y admirados decían: "¿No son galileos todos éstos que están hablando? Entonces, ¿cómo cada uno de nosotros los oímos hablar en nuestro propio idioma? Entre nosotros hay partos, medos y elamitas; habitantes de Mesopotamia, Judea, Capadocia y del Ponto; hay hombres provenientes de Asia, Frigia, Panfilia y Egipto y de la parte de Libia que limita con Cirene; hay forasteros, romanos, judíos y hombres no judíos que aceptaron sus creencias; cretenses y árabes, y sin embargo, todos los oímos hablar en nuestros idiomas las maravillas de Dios."
No se lo creían, y se decían unos a otros: "¿Qué significa esto?" Otros en cambio decían riéndose: "Están borrachos".
Palabra de Dios. Te alabamos Señor.

Padre nuestro, 10 avemarías, gloria, jaculatorias

Cuarto Misterio Glorioso:

La Asunción de María al Cielo (Jdt 13,18-20).

«Ozías, por su parte, dijo a Judit: "Hija mía, que Dios Altísimo te bendiga más que a todas las mujeres de la tierra.
Y ¡bendito sea el Señor Dios, Creador del cielo y de la tierra, que te condujo para que cortaras la cabeza del jefe de nuestros enemigos!
Jamás los hombres olvidarán la confianza que has demostrado. Siempre recordarán el poder de Dios. Que Dios te colme de bienes y que los hombres te glorifiquen, pues no vacilaste en exponer tu vida al ver la humillación de nuestra raza.

Por tu perfecta sumisión a Dios has alejado la ruina que nos esperaba".
Todo el pueblo respondió: Amén. Amén».

Palabra de Dios. Te alabamos Señor.

Padre nuestro, 10 avemarías, gloria, jaculatorias

En el Quinto Misterio Glorioso, meditemos sobre:

La Coronación de la Santísima Virgen María (Ap 12,1).

«Apareció en el cielo una señal grandiosa: una Mujer, vestida del sol, con la luna bajo sus pies y en su cabeza una corona de doce estrellas».

Palabra de Dios. Te alabamos Señor.

Padre nuestro, 10 avemarías, gloria, jaculatorias

Aquí van las **letanías y la oración final**. Página 19

Misterios de la Luz(luminosos) (Jueves)

Primer Misterio: El Bautismo de Jesus en el Jordán (Mc 1,9-11)

"En aquellos días Jesús vino de Nazaret, pueblo de Galilea, y se hizo bautizar por Juan en el río Jordán. Al momento de salir del agua, Jesús vio los Cielos abiertos: el Espíritu bajaba sobre él como lo hace la paloma, mientras se escuchaban estas palabras del Cielo: «Tú eres mi Hijo, el Amado, mi Elegido.»

Palabra de Dios. Te alabamos Señor.

Padre nuestro, 10 avemarías, gloria, jaculatorias

Segundo Misterio: La autorrevelación de Jesucristo en las bodas de Caná (Jn 2,1-11)

"Tres días más tarde se celebraba una boda en Caná de Galilea, y la madre de Jesús estaba allí. También fue invitado Jesús a la boda con sus discípulos. Sucedió que se terminó el vino preparado para la boda, y se quedaron sin vino. Entonces la madre de Jesús le dijo:

«No tienen vino.» Jesús le respondió: «Mujer, ¿por qué te metes en mis asuntos? Aún no ha llegado mi hora.» Pero su madre dijo a los sirvientes: «Hagan lo que él les diga.» Había allí seis recipientes de piedra, de los que usan los judíos para sus purificaciones, de unos cien litros de capacidad cada uno. Jesús dijo: «Llenen de agua esos recipientes.» Y los llenaron hasta el borde.

«Saquen ahora, les dijo, y llévenle al mayordomo.» Y ellos se lo llevaron. Después de probar el agua convertida en vino, el mayordomo llamó al novio, pues no sabía de dónde provenía, a pesar de que lo sabían los sirvientes que habían sacado el agua. Y le dijo: «Todo el mundo sirve al principio el vino mejor, y cuando ya todos han bebido bastante, les dan el de menos calidad; pero tú has dejado el mejor vino para el final.»

Esta señal milagrosa fue la primera, y Jesús la hizo en Caná de Galilea. Así manifestó su gloria y sus discípulos creyeron en él. Jesús bajó después a Cafarnaún con su madre, sus hermanos y sus discípulos, y permanecieron allí solamente algunos días."

Palabra de Dios. Te alabamos Señor.

Padre nuestro, 10 avemarías, gloria, jaculatorias

Tercer Misterio: El anuncio del Reino de Dios invitando a la conversión (Mc 1,15)

"Decía: «El tiempo se ha cumplido, el Reino de Dios está cerca. Cambien sus caminos y crean en la Buena Nueva."

Palabra de Dios. Te alabamos Señor.

Padre nuestro, 10 avemarías, gloria, jaculatorias

Cuarto Misterio: La Transfiguración de Jesucristo (Mc 9,2-8)

"Seis días después, Jesús tomó consigo a Pedro, a Santiago y a Juan, y los llevó a ellos solos a un monte alto. A la vista de ellos su aspecto cambió completamente. Incluso sus ropas se volvieron resplandecientes, tan blancas como nadie en el mundo sería capaz de blanquearlas.

Y se les aparecieron Elías y Moisés, que conversaban con Jesús. Pedro tomó la palabra y dijo a Jesús: «Maestro, ¡qué bueno es que estemos aquí! Levantemos tres chozas: una para ti, otra para Moisés y otra para Elías.» En realidad no sabía lo que decía, porque estaban aterrados. En eso se formó una nube que los cubrió con su sombra, y desde la nube llegaron estas palabras: «Este es mi Hijo, el Amado, escúchenlo.»

Y de pronto, mirando a su alrededor, no vieron ya a nadie; sólo Jesús estaba con ellos. Cuando bajaban del cerro, les ordenó que no dijeran a nadie lo que habían visto, hasta que el Hijo del Hombre resucitara de entre los muertos."

Palabra de Dios. Te alabamos Señor.

Padre nuestro, 10 avemarías, gloria, jaculatorias

Quinto Misterio: La Institución de la Eucaristía. (Lc 22, 19)

"Después tomó pan y, dando gracias, lo partió y se lo dio diciendo: «Esto es mi cuerpo, que es entregado por ustedes. (Hagan esto en memoria mía.» Hizo lo mismo con la copa después de cenar, diciendo: «Esta copa es la alianza nueva sellada con mi sangre, que es derramada por ustedes»)."

Palabra de Dios. Te alabamos Señor.

Padre nuestro, 10 avemarías, gloria, jaculatorias

Aquí van las **letanías y la oración final**. Página 19

PARTE VI

ROSARIO AL ESPIRITU SANTO

Introducción

Nos dicen los obispos y el Papa: "Después de Pascua, el Espíritu Santo "convence al mundo en lo referente al pecado" (Jn 16, 8-9), a saber, que el mundo no ha creído en el que el Padre ha enviado. Pero este mismo Espíritu, que desvela el pecado, es el Consolador (cf Jn 15,26) que da al corazón del hombre la gracia del arrepentimiento y de la conversión (cf Hch 2,36-38; Juan Pablo II, DeV 27-48)".

Por eso, en esta forma de rezar el rosario oramos para llenarnos de él para testificar y vivir en el poder de Dios.

Persignarse:
En el nombre del Padre, del Hijo y del Espíritu Santo...Amén

Para comenzar, se recita el Credo (Pag. 32), el Padre Nuestro y el Gloria.

Jaculatoria: Padre, envíanos al Paráclito, prometido por Nuestro Señor.

PRIMER MISTERIO: Honremos al Espíritu Santo y adoremos al amor sustancial que procede del Padre y del Hijo y los une en una caridad infinita y eterna.

Se repite 10 veces:
- Ven Espíritu Santo, llena los corazones de tus fieles.
- Y enciende en ellos el fuego de Tu amor.

SEGUNDO MISTERIO: Honremos la acción del Espíritu Santo y adorémosle, porque hizo inmaculada a María en su concepción y la santificó con la plenitud de su gracia.

Se repite 10 veces:
-Ven Espíritu Santo, llena los corazones de tus fieles.
-Y enciende en ellos el fuego de Tu amor.

TERCER MISTERIO: Honremos la operación del Espíritu Santo y adorémosle, porque hizo a la Santísima Virgen, madre del Verbo divino en el misterio de la Encarnación.

Se repite 10 veces:
-Ven Espíritu Santo, llena los corazones de tus fieles.
-Y enciende en ellos el fuego de Tu amor.

CUARTO MISTERIO: Honremos al Espíritu Santo y adorémosle, porque dio la vida a la Iglesia en el día glorioso de Pentecostés.

Se repite 10 veces:
-Ven Espíritu Santo, llena los corazones de tus fieles.
-Y enciende en ellos el fuego de Tu amor.

QUINTO MISTERIO: Honremos la acción del Espíritu Santo y adorémosle, porque reside de una manera permanente en la Iglesia, y la asiste según la promesa divina, hasta la consumación de los siglos.

Se repite 10 veces:
-Ven Espíritu Santo, llena los corazones de tus fieles.
-Y enciende en ellos el fuego de Tu amor.

SEXTO MISTERIO: Honremos la obra del Espíritu Santo y adorémosle, porque creó en la Iglesia al sacerdote, quien representa a Cristo como cabeza del cuerpo y confió la plenitud del sacerdocio a los Obispos.

Se repite 10 veces:
-Ven Espíritu Santo, llena los corazones de tus fieles.
-Y enciende en ellos el fuego de Tu amor.

SEPTIMO MISTERIO: Honremos la operación del Espíritu Santo y adorémosle, en la virtud heroica de los santos en la Iglesia, obra secreta y maravillosa del "Santificador Omnipotente".

Se repite 10 veces:
-Ven Espíritu Santo, llena los corazones de tus fieles.
-Y enciende en ellos el fuego de Tu amor.

Para terminar:

- Envía tu Espíritu y todo será creado.
- Y renovarás la faz de la tierra.

OREMOS: Oh Dios que con la luz del Espíritu Santo enseñaste a los fieles la verdad, concédenos conocerla en el mismo Espíritu y gozar siempre de sus consuelos celestiales.
Por nuestro Señor Jesucristo. Amén.

LETANIAS

Señor, ten piedad de nosotros.
Cristo, ten piedad de nosotros
Señor, ten piedad de nosotros.
Padre Omnipotente, ten piedad de nosotros.

Jesús, Hijo eterno del Padre y Redentor del mundo, ten piedad de nosotros.
Espíritu Santo, santifícanos.

A todo lo siguiente se repite "ven a nosotros"
Espíritu Santo que procedes del Padre y del Hijo. *Ven...*
Promesa del Padre. *Ven...*
Don de Dios altísimo.
Rayo de luz celeste.
Fuente de agua viva.
Autor de todo bien.
Unción espiritual.
Caridad ardiente.
Fuego que consume.
Espíritu de amor y de verdad.
Espíritu de sabiduría y de entendimiento
Espíritu de consejo y de fortaleza.
Espíritu de ciencia y de piedad
Espíritu de temor de Dios.
Espíritu de gracia y de oración.
Espíritu de paz y de dulzura.
Espíritu de modestia y de inocencia.
Espíritu consolador.
Espíritu santificador.
Espíritu que gobiernas la Iglesia.
Espíritu que llenas el universo.
Espíritu de adopción de los hijos de Dios.
Unción espiritual.
Caridad ardiente.

A todo lo siguiente se repite "te rogamos, óyenos"

Espíritu Santo, ven a renovar la tierra.
Espíritu Santo, inflámanos con el fuego de tu amor.
Espíritu Santo, danos el tesoro de tus gracias.
Espíritu Santo, enséñanos a orar.
Espíritu Santo, ilumínanos con tus inspiraciones.

Espíritu Santo, imprime tu ley en nuestros corazones.
Espíritu Santo, condúcenos por la vía de la salvación.
Espíritu Santo, inspíranos la práctica del bien.
Espíritu Santo, concédenos la única ciencia necesaria.
Espíritu Santo, haz que perseveremos en tu justicia.
Espíritu Santo, imprime en nosotros el horror al pecado.
Espíritu Santo, concédenos el mérito de todas las virtudes.
Espíritu santo, se Tu nuestra eterna recompensa.

Cordero de Dios que quitas el pecado del mundo,
Envía a nosotros Tu espíritu.

Cordero de Dios que quitas el pecado del mundo,
Llena nuestras almas con el don del Espíritu Santo.

Cordero de Dios que quitas el pecado del mundo,
Haz que el espíritu Santo, produzca en nosotros sus frutos.

Ven Espíritu Santo, llena con Tus dones los corazones de tus fieles,
Y enciende en ellos el fuego de tu amor.

OREMOS:
Señor, que la fortaleza de Espíritu Santo, venga en nuestra ayuda para que se digne lavar las manchas de nuestros corazones y protegernos de nuestros enemigos. Por Cristo Nuestro Señor. Amén.

CONSAGRACION AL ESPIRITU SANTO

Recibe oh espíritu Santo de amor, la consagración perfecta y absoluta de todo mi ser.
Dígnate ser en adelante, en cada uno de los instantes de mi vida y en cada una de mis acciones: Mi director, mi luz, mi guía, mi fuerza y todo el amor de mi corazón.

Yo me abandono sin reservas a tus acciones divinas y quiero ser siempre dócil a tus santas inspiraciones.
Oh santo espíritu, dígnate formarme con María y en María, según el modelo de nuestro divino Jesús.

Gloria al Padre Creador.
Gloria al Hijo Redentor.
Gloria al Espíritu santificador.

En el nombre del Padre, del hijo y del Espíritu Santo.
Amén

PARTE VII

ROSARIO A LA PRECIOSA SANGRE

Introducción:

Este rosario es una oración que está siendo de mucha bendición ya que en él se pide tanto por las necesidades universales como individuales en el reino del Espíritu y otro tipo de necesidades.

Es un poderoso medio de protección, defensa salvación, liberación y fortaleza. Un medio para glorificar a Dios ya que la Preciosísima Sangre de Nuestro Señor Jesucristo es la fuente de nuestra salvación y en esta forma de rezar el rosario nos centramos en valorar su sufrimiento y entrega en la cruz.
Al mismo tiempo a través de éste rosario aplicamos los méritos de la Sangre de Jesus a nuestras necesidades particulares. Recen éste rosario a menudo para orar frecuentemente Nuestro Señor Jesucristo y luchar a diario por permanecer en la salvación. .

"...Tengamos los ojos fijos en la sangre de Cristo y comprendamos cuán preciosa es a su Padre, porque, habiendo sido derramada para nuestra salvación, ha conseguido para el mundo entero la gracia del arrepentimiento" (*S. Clem. Rom. Cor 7,4*).(Cat. Universal de la iglesia No. 1432)

ORACION DE APERTURA
En el nombre del Padre, del Hijo, y del Espíritu Santo. Amén.

ORACION AL ESPIRITU SANTO
Ven Espíritu Santo, llena los corazones de tus fieles Y enciende en ellos el fuego de tu amor. Envía Tu Espíritu, y todo será creado, y renovarás la faz de la tierra.

OREMOS
Oh Dios, que instruiste los corazones de tus fieles con la luz del Espíritu Santo, concédenos que animados y guiados por este mismo espíritu, aprendamos a obrar rectamente siempre, y gocemos de la dulzura del Bien y de Sus divinos consuelos por Cristo Nuestro Señor. Amén.

Se reza el **Credo** (Una Vez). (Pag. 32)

(Inclinando la cabeza)

Todos: Que la Preciosísima Sangre que brota de la Sagrada Cabeza de Nuestro Señor Jesucristo, el Templo de la Divina Sabiduría, Tabernáculo del Conocimiento Divino, y Luz del Cielo y de la tierra, nos cubra ahora y siempre. Amén.

Guía. Oh, Preciosísima Sangre de Jesucristo,
Pueblo. Sana nuestras Heridas en el Sacratísimo Corazón de Jesús. (1 vez)

Padre Nuestro...... (1 vez)

Tres Ave Maria en las 3 cuentas

Guía. Gloria al Padre...
Pueblo. Como era...

Todos: Que la Preciosísima Sangre que brota de la Sagrada Cabeza de Nuestro Señor Jesucristo, el Templo de la Divina Sabiduría, Tabernáculo del Divino Conocimiento y Luz del Cielo y la tierra nos salve ahora y siempre. Amén.

PRIMER MISTERIO: La mano derecha de Nuestro Señor Jesús es clavada. (Pausa)

Oración: Que por la Preciosa Herida de tu mano derecha y a través de los dolores causados por el clavo que atravesó tu mano derecha, la Preciosa Sangre que brota de ella salve a los pecadores del mundo entero y convierta muchas almas. Amén.

Guía: Oh, Preciosísima Sangre de Jesucristo
Pueblo. Sana nuestras heridas en el Sacratísimo Corazón de Jesús...(1 vez)

Padre Nuestro....... 1 vez

Ave Maria...... 1 vez

En las 12 cuentas diga: (Son doce cuentas no 10).

Guía.: Preciosa Sangre de Jesús
Pueblo: Sálvanos a nosotros y al mundo entero (12 veces)

Guía: Gloria... (1 vez)

(Inclinando la cabeza)

Todos: Que la Preciosísima Sangre que brota de la Sagrada Cabeza de Nuestro Señor Jesucristo, El templo de la Divina Sabiduría, Tabernáculo del Divino Conocimiento y Luz del Cielo y de la tierra, nos santifique ahora y siempre. Amen.

SEGUNDO MISTERIO: La mano izquierda de Nuestro Señor Jesucristo es clavada (Pausa)

Oración: Que por la Preciosa Herida de tu Mano Izquierda, y a través de los dolores causados por el clavo que atravesó tu mano izquierda, la Preciosa Sangre que brota de ella salve almas del purgatorio y proteja a los moribundos de los ataques de los espíritus infernales. Amén (1 vez).

Guía. Oh Preciosísima Sangre de Jesucristo
Pueblo. Sana nuestras heridas en el Sacratísimo Corazón de Jesús... (1 vez)

Padre Nuestro (1 vez)

Ave Maria (1 vez)

(12 veces)
Guía. Preciosa Sangre de Jesucristo,
Pueblo Sálvanos a nosotros y al mundo entero.

Guía.. Gloria al Padre... (1 vez).

(Inclinando la cabeza)
Todos: Que la Preciosísima Sangre que brota de la Sagrada Cabeza de Nuestro Señor Jesucristo. El templo de la Divina Sabiduría, Tabernáculo del Divino Conocimiento y Luz del Cielo y de la tierra, nos cubra ahora y siempre. Amén

TERCER MISTERIO: El pie derecho de Nuestro Señor Jesucristo es clavado. (Pausa)

Oración: Que por la Preciosa Herida de tu Pie Derecho, y a través de los dolores causados por el clavo que atravesó tu Pie Derecho, La Preciosa Sangre que brota de él cubra la fundación de la Iglesia Católica de los planes del reino oculto y de personas malignas. Amén.

Guía.: Oh Preciosísima Sangre de Jesucristo.
Pueblo: Sana nuestras heridas en el Sacratísimo Corazón de Jesús.......(1 vez)

Padre Nuestro..........(1 vez)

Guía: Preciosa Sangre de Jesucristo,

Pueblo: Sálvanos a nosotros y al mundo entero......... (12 veces)

Guía: Gloria al Padre... (1 vez)

(Inclinando la cabeza)
Todos: Que la Preciosísima Sangre que brota de la Sagrada Cabeza de Nuestro Señor Jesucristo, el Templo de la Divina Sabiduría, el Tabernáculo del Divino Conocimiento y Luz del Cielo y de la tierra, nos proteja ahora y siempre. Amén.

CUARTO MISTERIO: El Pie Izquierdo de Nuestro Señor Jesucristo es clavado (Pausa)

Oración: Que por la Preciosa Herida de tu Pie Izquierdo, y a través de los dolores causados por el clavo que atravesó tu Pie Izquierdo, la Preciosa Sangre que brota de el nos proteja en todos nuestros caminos de los planes y los ataques de los espíritus malos y sus agentes. Amén.

Guía: Oh Preciosísima Sangre de Jesucristo
Pueblo: Sana nuestras heridas en el Sacratísimo Corazón de Jesús.(1 vez)

Padre Nuestro......(1 vez).

Ave Maria...... (1 vez).
Guía: Preciosa Sangre de Jesucristo,

Pueblo: Sálvanos a nosotros y al mundo entero...(12 veces)

Guía: Gloria al Padre... (1 vez).

(Inclinando la cabeza)

Todos: Que la Preciosísima Sangre que brota de la Sagrada Cabeza de Nuestro Señor Jesucristo, el Templo de la Divina Sabiduría, Tabernáculo del Divino Conocimiento y Luz del Cielo y de la tierra, nos cubra ahora y siempre. Amén.

QUINTO MISTERIO: La herida del Sagrado costado de Nuestro Señor Jesucristo (Pausa)

Oración: Que por la Preciosa herida de tu Sagrado Costado, y a través de los dolores causados por la lanza que atravesó tu Sagrado Costado, la Preciosa Sangre y Agua que brotaron de ella cure al enfermo, resucite a los muertos, solucione nuestros problemas presentes, y nos enseñe el camino hacia Nuestro Dios para la eterna gloria. Amén.

Guía. Oh, Preciosísima Sangre de Jesucristo,
Pueblo. Sana nuestras heridas en el Sacratísimo Corazón de Jesus... (1 vez).

Padre Nuestro.... (1 vez)

Ave Maria...(1 vez)
Guía: Preciosa sangre de Jesucristo.

Pueblo: Sálvanos a nosotros y al mundo entero...(12 veces)

Guía: Gloria al Padre... (1 vez).

CONCLUSION
(Inclinando la cabeza)

Todos: Que la Preciosísima Sangre que brota de la Sagrada Cabeza de Nuestro Señor Jesucristo, el Templo de la Divina Sabiduría, Tabernáculo del Divino Conocimiento y luz del Cielo y la tierra, nos cubra ahora y siempre. Amén

Guía: Oh Preciosísima Sangre de Jesucristo,
Pueblo: Sana las heridas, en el Sacratísimo Corazón de Jesús...(3 veces)

Todos: Decir la Salve.

OREMOS

Oh, Señor Jesucristo, te honramos, te alabamos, te adoramos ya que por tu Preciosísima Sangre hiciste una eterna alianza que trae paz al género humano. Sana nuestras heridas. Consuela a quienes sufren y lava los pecados del mundo entero. Que todos te honren y alaben. Oh Señor Jesucristo, por tu Preciosa Sangre, ten piedad de nosotros.

Sacratísimo Corazón de Jesus *Ten piedad de nosotros*

Inmaculado Corazón de Maria *Ten piedad de nosotros*
San Jose, esposo de Maria *Ten piedad de nosotros*
Santos Pedro y Pablo *Rueguen por nosotros*
Santos Dominico y Francisco Rueguen por nosotros
San Juan de la Cruz Rueguen por nosotros
Santa María Magdalena Rueguen por nosotros
Santa Teresa y Catalina Rueguen por nosotros

Todos los soldados de la oración e intercesores del cielo *Rueguen por nosotros*
Todos los grandes santos de Nuestro Señor *Rueguen por nosotros*
Todos los huéspedes del cielo, Legión de María *Rueguen por nosotros*

En nombre del Padre, del hijo y del Espíritu Santo, amén.

> *"Habéis sido rescatados de la conducta necia heredada de vuestros padres, no con algo caduco, oro o plata, sino con una sangre preciosa, como de cordero sin tacha y sin mancilla, Cristo, predestinado antes de la creación del mundo y manifestado en los últimos tiempos a causa de vosotros"* (1 P 1, 18-20).

PARTE VIII

HISTORIA DEL SANTO ROSARIO

Historia del santo Rosario

Desde los primeros tiempos del cristianismo, los fieles rezaban la primera parte del avemaría(Lc 1,28; Lc 1, 38-39) son palabras divinas, inspiradas y evangélicas, que llenaban su corazón de alegría al alabar a María con palabras que el mismo Dios nos enseñó. Porque el ángel Gabriel le dijo a María de parte de Dios: Alégrate (Dios te salve) llena de gracia, el Señor está contigo. Y el Espíritu Santo por boca de su prima Isabel le dijo: Bendita tú eres entre todas las mujeres y bendito es el fruto de tu vientre(Lc 1, 39-41).

Esta primera parte del avemaría, sin el nombre de Jesús, ya era común rezarla en el siglo VI. Algunos dicen que el Papa san Gregorio Magno (540-604) fue quien la difundió, pues en su tiempo aparece una antífona del ofertorio de la misa del domingo IV de Adviento, con esas mismas palabras del avemaría.

En el siglo VII, se encuentra en una oración en Luxor, alto Egipto; pero es hacia el año 1000, cuando es totalmente popular y todo el mundo la recita de memoria, especialmente en los conventos. En el sínodo de París de 1198 se ordena a los sacerdotes que reciten con el pueblo las oraciones del Padrenuestro, Credo y Avemaría.

En el siglo XIV es cuando aparece ya en muchos lugares la primera parte con el nombre Jesús (Bendito es el fruto de tu vientre Jesús) y también la segunda parte: Santa María madre de Dios ruega por nosotros pecadores ahora y en la hora de nuestra muerte. Amén.

En el siglo XV las cofradías marianas difunden el avemaría completo por doquier.

Por otra parte, desde los primeros siglos, los monjes que sabían leer, recitaban en comunidad los 150 salmos de la Biblia. Los que no sabían leer, rezaban en su lugar 150 padrenuestros. En el siglo XII, en vez de los 150 padrenuestros, comenzaron a rezar 150 avemarías. A esto se llamaba el salterio de María o salterio mariano, aunque el avemaría se rezaba solamente en su primera parte.

Gracias a la predicación de santo Domingo de Guzmán (1170-1221) y sus hermanos dominicos, el rezo del salterio mariano se propagó por todas partes. Por eso, algunos consideran a santo Domingo como el fundador del rosario.

Pero fue Alano de Roche (+1475), quien organizó el rosario en misterios de diez avemarías precedidas de un padrenuestro, siguiendo en esto al cartujo Enrique de Kalcar (+1408), que había propuesto rezar 150 avemarías divididas en 15 decenas, precedidas de un padrenuestro.

También Alano de Roche propuso meditar en cada decena algún misterio de la vida de Jesús o de María. Y así se fue difundiendo el rezo del rosario, como así se llamó ya desde el siglo XVI, en vez de salterio mariano como antes se llamaba.

Por fin, en 1569, el Papa Pío V en su bula 'Consueverunt Romani Pontífices' estableció la forma de misterios gozosos, dolorosos y gloriosos como definitiva para toda la Iglesia. El mismo Papa en 1572, a raíz de la victoria de Lepanto contra los musulmanes, ocurrida el 7 de octubre de 1571, estableció la fiesta de Nuestra Señora de las Victorias, que el Papa Gregorio XIII la cambió por el nombre de fiesta de Nuestra Señora del Rosario, y comenzó a celebrarse el 7 de octubre, que actualmente es el día mundial del rosario.

Cuando María se aparece en Lourdes (1858) y en Fátima (1917), reza el rosario con los videntes y exhorta a rezarlo todos los días. Y los Papas, especialmente desde el siglo XIX, lo han recomendado encarecidamente. Juan Pablo II escribió la carta apostólica Rosarium Virginis Mariae (Rosario de la Virgen María) el año 2002, donde añade cinco nuevos misterios, llamados luminosos. El mismo Papa en esta carta apostólica dice:

"El rosario es mi oración predilecta. ¡Cuántas gracias he recibido a través del rosario en estos años!

El rosario es una oración que se presta particularmente para reunir a la familia... Rezar el rosario por los hijos y, mejor aún, con los hijos, educándolos desde su tierna edad para este momento cotidiano de intervalo de oración de la familia, es una ayuda espiritual que no se debe minusvalorar... Tomad con confianza entre las manos el rosario, descubriéndolo de nuevo a la luz de la Escritura... ¡Oh rosario bendito, dulce cadena que nos une con Dios, vínculo de amor que nos une a los ángeles, torre de salvación contra los asaltos del infierno, puerto seguro en el común naufragio, no te dejaremos jamás! Tú serás nuestro consuelo en la hora de la agonía...".

En cuanto a las letanías, que se rezan al terminar los cinco misterios del rosario, se llaman lauretanas o loretanas, porque desde la mitad del siglo XVI se cantaban en el santuario de Loreto.

Las letanías actuales son fundamentalmente las mismas que se cantaban entonces y que fueron aprobadas por el Papa Sixto V, concediéndoles indulgencias con la bula Reddituri del 11 de julio de 1587. Algunos autores dicen que ya en el siglo XII existían formularios con las principales de estas advocaciones, aunque algunos Papas han añadido algunas con el paso del tiempo. Pío IX añadió Reina concebida sin pecado original, después de la proclamación del dogma de la Inmaculada Concepción. León XIII añadió Reina del Santísimo Rosario y madre del buen consejo. Benedicto XV: Reina de la paz. Pío XII, después de la proclamación del dogma de la Asunción, añadió: Reina asunta a los cielos. Y Juan Pablo II: Madre de la Iglesia.

Las letanías son expresiones de amor a María, alabanzas por ser Virgen, Madre y Reina de todos nosotros. Y cuanto más la alabemos, más contento estará Jesús. Por eso, hay un dicho antiguo que dice: De María nunquam satis (Todo lo que hablemos de María, nunca será suficiente). Siempre podemos decir más y alabarla más. El mismo Dios nos dio ejemplo, al enseñarnos la primera parte del avemaría y decirle: Llena de gracia, el Señor está contigo, bendita tú entre todas las mujeres y bendito es el fruto de tu vientre...

María santísima intercede ante su hijo Jesucristo tal como lo hizo en las bodas de Cana (Jn 2,1-3)

Scott Hahn, un gran teólogo presbiteriano convertido al catolicismo, un día rezó su primer rosario. Y dice: Lo recé muchas más veces y, tres meses más tarde, me di cuenta de que desde el día en que yo había comenzado a rezar el rosario, aquella situación mía, aparentemente imposible, había cambiado. ¡Mi petición había sido escuchada! Y volví a tomar el rosario, que no he dejado de rezar desde aquel día.

Muchos hermanos protestantes dicen que el rezo del rosario no es bíblico, porque Jesús prohibió repetir oraciones. Y citan el texto de Mateo 6, 7; donde Jesús dice que cuando oren, no sean habladores como los gentiles, que piensan que serán escuchados por su mucho hablar. Algunos traducen como vana repetición, en vez de no sean habladores. Pero, al rezar el rosario, no hacemos vanas repeticiones, sino repeticiones útiles y maravillosas con las mismas palabras divinas que Dios nos enseña en el padrenuestro y en la primera parte del avemaría. ¿Será vana repetición el repetir palabras divinas que Dios mismo nos ha enseñado?

El mismo Jesucristo repitió oraciones cuando estaba en el huerto de Getsemaní. Allí dice que se alejó a orar "repitiendo las mismas palabras". Mc 14,39)

Por eso, dice Scott Hahn: Mi mujer nunca se cansa de oírme decir "te quiero". Mi madre no se cansa de oír que le agradezco que me haya criado... Dios tampoco se cansa nunca de oírnos repetir toda la serie de frases, que han sido veneradas como oraciones por la Escritura y la Tradición cristiana. Los cristianos evangélicos repiten mucho las palabras: Amén, Aleluya y Alabad al Señor.

Por eso, reza el rosario. A esto es a lo que animo a los católicos y a todos los cristianos de buena voluntad.

Reza el rosario y date cuenta de que cada recitación te está conectando con las cosas permanentes y eternas, alejándote de lo transitorio y pasajero.

Saca tiempo para rezar el rosario, cuando estés en la sala de espera de un médico o a la hora punta del tráfico... Las cuentas del rosario y tus oraciones son más reales que los coches que hay delante de ti y que los bocinazos que están sonando.

LIBROS RECOMENDADOS

Para conocer, vivir, celebrar, predicar y defender la fe te recomiendo el siguiente material que es excelente para lograrlo:

Libro
Respuestas Católicas Inmediatas

En este libro encontrarás una respuesta bíblica y directa a los ataques y preguntas de las Sectas fundamentalistas.

Es un Best-seller que no debes perderte.

Como ser un cristiano con Coraje

Conoce cuáles pasos son necesarios dar para poder crecer espiritualmente en abundancia.

Al conocerlos y ponerlos en práctica, Dios te llevará y te usará mucho más de lo que puedas imaginar.

"Mi Juicio ante Dios"

Testimonio de la Dra. Gloria Polo

Nuevo libro con el impresionante testimonio de Gloria que siendo alcanzada por un rayo, Dios le permite ver su juicio y ahora ella va por todo el mundo compartiendo este mensaje.

Miles y miles han sido 'tocados' por Dios al ver este nuevo dvd. Sin duda que es algo que todo católico debe tener en su casa y recomendarlo para producir abundantes conversiones.

LGBT Preguntas y Respuestas

La verdad que el lobby gay no quiere que conozcas. Un libro que da respuestas directas y valientes acerca de la homosexualidad; las lesbianas; los bisexuales, transgénero y transexuales.

No existe un libro igual que de respuestas directas y amplias de una manera bíblica; científica; histórica; teológica... y todo en sintonía con el magisterio de la Iglesia.

"Una Nueva Apologética"

Incluye la tarjeta con citas bíblicas para saber defender la fe

Conoce a profundidad el problema del crecimiento de las sectas y que podemos hacer para enfrentar su proselitismo. Que es la nueva apologética y como poder dialogar con amigos y familiares protestantes.

También incluye una tarjeta con más de 100 citas bíblicas para dar respuesta a las preguntas más comunes a los ataques de los hermanos separados.

Testimonios: "*Pastores y líderes cristianos se convierten a la fe católica*"

En este libro encontrarás unos sorprendentes testimonios que te fortalecerán abundantemente en la fe.

Como lo dice el Sr. Martín Zavala: "Los Malos católicos se hacen protestantes y los buenos protestantes se están haciendo católicos".

¡Soy católico y que!

Un libro de bolsillo con un mensaje que ha transformado la vida de miles de personas.

Martin Zavala nos comparte los *10 pasos* para ser un auténtico cristiano.

Indispensable para todo católico

Cómo leer la Biblia (Libro)

Una de las cosas más urgentes hoy en día es el poder encontrar una manera más fácil para poder leer la Biblia. Para muchos católicos que inician en la fe no es fácil el poder hacerlo.

Al tratar de empezar a leerla surgen preguntas como: ¿Por dónde empiezo? ¿Cómo encuentro los capítulos y versículos? ¿Qué hago para aprovechar más la lectura de la Sagrada Escritura? ¿Cuál es la mejor manera de hacerlo?

Ese es precisamente el objetivo de este libro de bolsillo que Martín Zavala ha hecho para ti. Al leerlo, conocerás las claves para sacar mucho más provecho a la hora de acercarte a leer la Biblia.

"Lo que usted debe saber sobre el fin del mundo"

Conoce la verdad sobre las profecías de Nostradamus y san Malaquías.

Descubre lo que realmente dice la virgen María acerca de los tres días de oscuridad y el tercer secreto de Fátima.

Aprende la respuesta a sobre:

- El Rapto
- El Armagedón
- El asteroide de la destrucción;
- El 'paraíso terrenal'
- Las profecías bíblicas'
- El Apocalipsis y el fin del mundo.

Autor: Martín Zavala

"Cansado de llorar, cansado de pecar, Cansado de vivir"

Impactante testimonio de Baltazar, quien fue liberado por Jesucristo de las drogas, alcohol, espiritismo y de la nueva era.

Conoce la historia de un hombre que hoy proclama: ¡Jesús está vivo! ¡Yo soy testigo del Poder de Dios!

"Como responder a los Testigos de Jehová"

¿Quién de nosotros no ha recibido la visita no esperada de los testigos de Jehová cuestionando nuestra fe?

- Que no hay que celebrar la Navidad
- Que las transfusiones de sangre las prohíbe la biblia
- Que Jesucristo no es Dios sino el arcángel Miguel
- Que no es bíblico, ni bueno, celebrar los cumpleaños
- Que habrá un paraíso terrenal y solo 144 mil irán al cielo

Conoce las respuestas a esto y mucho más

Un Dios Misterioso *Nueva edición*

Esta nueva edición del libro del P. Fortea es sin duda uno de los mejores libros que existen para responder a todas las preguntas acerca de los **dones, carismas, exorcismo y liberación.**

El P. Fortea, quien es un especialista en demonología y un exorcista, responde de una manera directa a las preguntas difíciles sobre estos temas.

Esta nueva edición trae más explicaciones que te ayudarán a conocer normas, guías y consejos para grupos de la Renovación carismática.

"Ten Cuidado: El Demonio existe"

No conocer las estrategias de satanás es un error, pues menos podrás defenderte. Por eso es urgente, a la voz de ya, que leas este nuevo libro y te prepares en serio para ayudar a tanta gente que está en la iglesia pero confundida o sin saber que hacer acerca de todo lo relacionado con la acción de satanás: La Ouija; limpias; maldiciones; magia blanca; barridas; amuletos; supersticiones; la mal llamada 'santa muerte'; brujos y curanderos; psíquicos; Tarot; adivinaciones... y mucho más. Conoce el mal, para poder vencerlo.

"Click: Descubre el Poder de la santa Misa"

Si Cristo está plenamente presente en cada santa Misa, ¿Por qué hay millones de personas que asisten a ella y no cambian de vida?

¿Qué pasos son necesarios para tener una vida espiritual que de frutos en abundancia?

¿Cuáles son los 'secretos' que tenemos que descubrir en la santa Misa?

¿Cuál es el 'Misterio' capaz de desencadenar el más grande poder espiritual?

¿Cómo dar un salto de Fe que me lleve de lo humano a lo divino; de lo terrenal a lo celestial; de **lo temporal a lo eterno y de la tierra al cielo?**

"Liberados del Alcoholismo con el Poder de Dios"

Hoy en día, son millones los amigos y familiares que han caído en las garras del alcohol y este libro ayudara a miles a salir de ese vicio.

Este libro contiene Testimonios de personas que han sido liberadas del alcoholismo con el poder de Dios y también trae reflexiones y mensajes poderosos que cambiaran la vida de miles de personas.

"Dios: Existe o no existe. El Gran Debate"

Este es un libro excelente y que tanta falta hacía en nuestra Iglesia. La presentación que Dante hace mostrando de una manera racional la existencia de Dios es simplemente fabulosa. El debate es estupendo.

Indispensable para padres que, con hijos estudiando en universidades o instituciones superiores, quieran contrarrestar la desinformación que por lo general allí se recibe respecto de la fe.

(Libro)

"Cómo Ganar el Cielo desde el Hogar"

Maravilloso libro que te ayudará abundantemente a poder mejorar tu familia, tu matrimonio y tus hijos.

Los 10 mandamientos explicados con la biblia y actualizados al 100%.

Dios y el internet, El Facebook, Los celulares; El textear; El PlayStation; El Wii; YouTube; Las canciones; La televisión; El cine..

¡Wow! Esta excelente y mas directo que ningún otro libro.

Excelentes libros de Priscilla de la Cruz. Ex bruja, tarotista, esotérica, ouija, adivina y ahora misionera católica.

- "Soldado de Cristo". Como me convertí a Jesucristo. Testimonio
- Peregrinación eucarística
- Siguiendo sus Pasos
- Aprendiendo de María
- Combustible de fe
- Get Ready for Mass(para niños en ingles)
- Learning from Mary
- Mass Journey

En ingles:

- «Catholic defend your faith», ***Martin Zavala***

- «Standing before God: The Judgment», Testimony of *Gloria Polo*

"Escuela de Apologética online DASM"

Fórmate en serio en cómo defender tu fe.

Certificado avalado por 6 obispos de 5 países.(Estados Unidos; México; Puerto Rico; Perú y Ecuador`) Mons. Eduardo Nevares, obispo auxiliar en Phoenix, Arizona y director espiritual de DASM. Lecciones con Tareas y exámenes en Apologética integral.

!Inscríbete e inicia ya mismo! Única en todo el mundo. **La formación es 100% por Internet y estudias cualquier día y a cualquier hora.** A tu propio ritmo. **10 Niveles.**

Únete al ejército espiritual de personas capacitadas para frenar el crecimiento de las sectas, new age, ideología de género... Invierte tiempo, dinero y esfuerzo para lograrlo. Inscríbete en www.defiendetufe.com

"Crecimiento 1 al 6: Mis Primeros Pasos"

Es ideal si ya tomaste un retiro kerigmático y has tenido un "encuentro personal con Cristo" y quieres seguirlo de la mejor manera este libro necesitas tenerlo pues es único, necesario y urgente.

Si queremos llegar a ser como Jesucristo, entonces sigamos su ejemplo. Jn 15,13 Eso significa que crecía de una manera integral.

Estos crecimientos están basados en las directrices del magisterio de la Iglesia sobre cómo debe de ser una catequesis o disicipulado cristiano. Ideal para la Renovación carismática; Movimiento Juan XIII; Emaus y muchos otros movimientos que dan el retiro de conversión o iniciación kerigmático. Estos crecimientos o catequesis son excelentes.

Puedes conseguir este material y otros nuevos productos de Misión 2000

En tu librería católica más cercana o en:

Tel (480) 598-4320
P.O. BOX 51986
PHOENIX, AZ 85076

www.defiendetufe.com

Made in the USA
Columbia, SC
09 February 2024

31156616R00065